L'AMNISTIE

FRANÇAISE

DE 1837,

BROCHURE POLITIQUE

PUBLIÉE PAR UN ÉTRANGER.

PRIX : 50 CENT.

Paris,

CHEZ JACQUES LEDOYEN, PALAIS-ROYAL, 46,
GALERIE D'ORLÉANS.

—

1837.

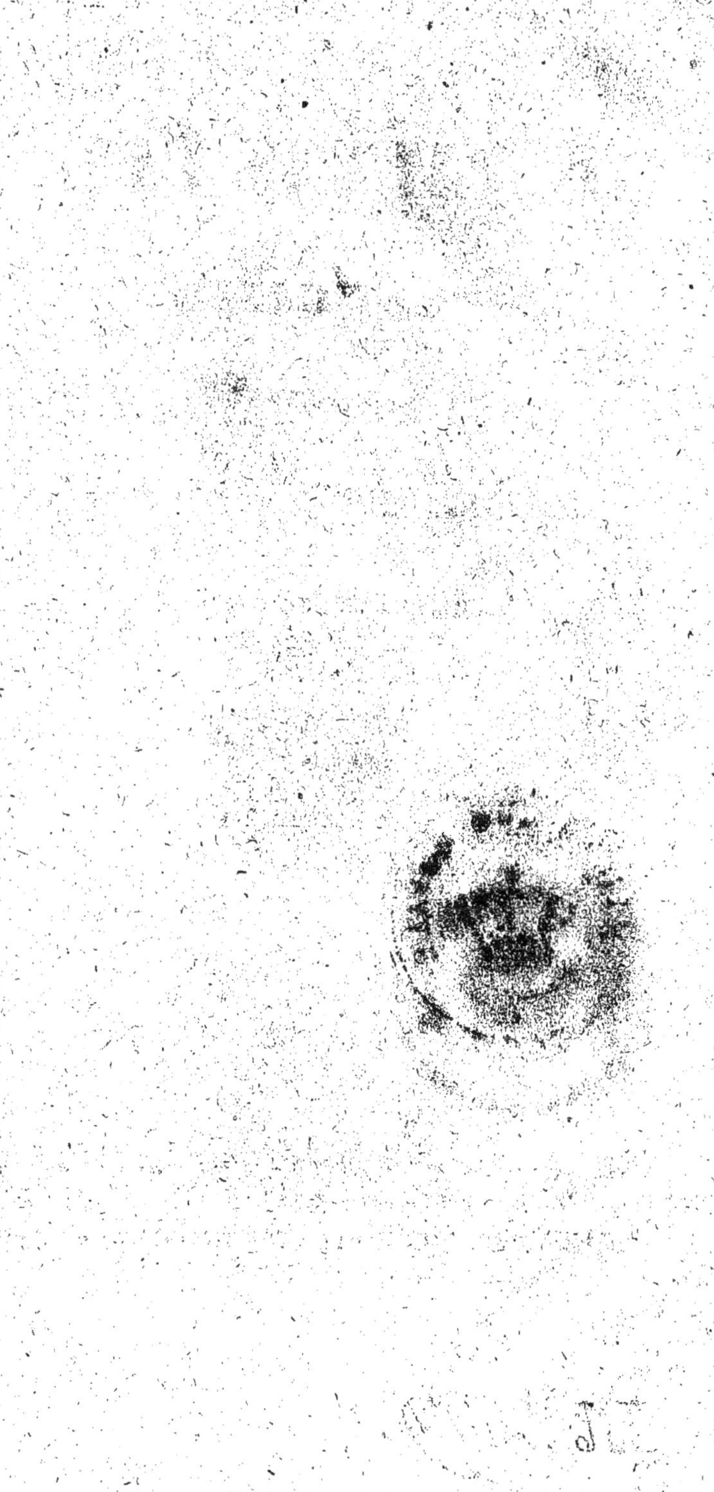

L'AMNISTIE

FRANÇAISE

DE 1837,

BROCHURE POLITIQUE

PUBLIÉE PAR UN ÉTRANGER.

Paris,

CHEZ JACQUES LEDOYEN, PALAIS-ROYAL, 16,

GALERIE D'ORLÉANS.

—

1837.

IMPRIMERIE D'ÉD. PROUX ET COMP., 3, RUE NEUVE-DES-BONS-ENFANS.

L'AMNISTIE FRANÇAISE.

Le titre de la présente brochure nous paraît assez étendu pour que nous pussions nous épargner une introduction; aussi il de tels auteurs qui sont assez habiles à donner souvent une préface pour l'œuvre même. Ce n'est pas ici l'endroit pour entrer dans une telle dispute, mais nous y renonçons par deux motifs fort simples : 1° puisque nous ne sommes point aussi habiles, et 2ᵈ puisque nous renonçons même au titre d'auteur. Nous ne venons ici que pour développer une idée dont nous nous occupons depuis quelque temps; nous ne voulons que nous débarrasser d'un fardeau qui devient trop pesant pour notre cœur.

Nous allons donc parler d'un pardon, d'une clémence, prérogative de la couronne, image de la Divinité; mais avant de nous en occuper, jetons un regard sur la peine même et sur son but. Qu'un proverbe de Salomon-le-Sage nous serve pour motto :

« Celui qui aime son fils le punira. »

Nul doute qu'une peine dictée par l'amour même, ne surpassera pas ses limites; elle doit connaître des bornes, elle doit savoir jusqu'à quel point elle peut s'étendre pour ne pas blesser ce but même qui, sans doute, serait manqué par une trop grande sévérité ; mais nul doute aussi qu'aussitôt que le fils qui se repent sincèrement de sa faute commise par imprudence, sera reçu avec empressement même, dans les bras paternels. Feuilletons dans les mêmes proverbes, nous y trouverons, non loin du passage cité, que

> « Celui qui se repent, et abandonne désormais ses fautes, sera gracié. »

Alors donc la grace, le pardon est juste, et même il ne pourra point s'élever au titre de clémence; car celle-ci, en effet, est au-dessus de la justice, c'est de la générosité qu'on ne peut rarement attendre que d'un père qui chérit sincèrement ses enfans; or, les rois sont pères de leurs peuples; mais, hélas! que parmi les souverains actuels on en trouve si peu qui méritent ce titre, et là où notre œil languissant cherche en vain une consolation, un trône s'élève au-dessus de ses nombreux rivaux, et le regard s'y repose avec un doux plaisir, il se repose sur le trône de la France !

Or, quel que soit l'homme, de quel rang et de quel état qu'il soit, si ses mœurs ne sont pas tout à fait corrompues, il avouera toujours, sans aucune hésitation, qu'en général la peine est nécessaire; car s'il n'y avait pas de peine, l'autorité surveillante serait de même superflue, et s'il n'y avait pas d'autorité, nous dirions avec nos ancêtres : « Qu'alors l'un engloutirait l'autre. » Une chose remarquable, et dont chacun saura se convaincre, doit nous être la première peine dont l'Etre-Suprême punit Adam. Prenons ce passage dans la première partie de l'histoire de l'homme, et nous devons singulièrement être frappés d'y remarquer que la Providence voulut que l'homme restât dans son imprudence et qu'elle le frappa d'un jugement bien sévère pour avoir obéi dans cette imprudence même à un conseil séduisant. Toutefois nous y trouvons l'exemple éclatant que le séducteur, le serpent, qui, certes, profita le moins et même rien de son propre conseil, subit le plus grave châtiment, au lieu qu'Adam et Eve, ayant commencé par le défaut, qui depuis fut toujours gardé en bon héritage, de vouloir s'emparer de tout ce qui est défendu, ne furent punis, en face du serpent, que par une peine secondaire. Le résultat de ce regard que nous devons y jeter très attentivement, nous apprend donc que le conseil et son exécution, l'un et l'autre faits dans une innocence imprudente, furent punis par le simple motif de DÉSOBÉISSANCE; et qui osera dire, à front levé, que la peine fût injuste?

Une attention non moins religieuse mérite le châtiment de Caïn; la peine capitale fut écartée, et nous en tirons l'exemple que la Providence crût qu'arracher la patrie à l'homme, c'est là son véritable châtiment; car elle dit à l'assassin : « Tu erras dans le monde! »

C'est là, et nous pourrions citer d'autres exemples encore, la carrière de l'homme. Quoique sans législation, nous y trouvons toujours des règles providentielles, et, certes, voilà la véritable législation.

Plus tard, un homme qui chérit la liberté, dans tout le sens du mot, délivra ses confrères du sceptre tyrannique d'un pharaon, il les délivra de l'esclavage ; mais cet homme, rempli d'un esprit divin, comprit bientôt que le peuple dont il fut le héros, *n'était pas encore digne de la liberté qu'il pensa lui donner*. Or, un peuple qui brise lui-même ses chaînes, montre sans doute, par une telle action héroïque, qu'il est digne d'un meilleur sort ; mais ce n'est pas encore une liberté *absolue* qui lui faut : par un tel *don*, par *un changement aussi subit*, il passera comme un enfant, à qui 'la *masse* surtout ressemble, d'une exaltation à l'autre. Moïse, législateur de son peuple, le rappela, pensant à un avenir non trop éloigné, et lui dit : « Si jamais vous voulez un roi, choisissez-le parmi vous-même. » En autres mots : Si vous voulez un roi, donnez-vous un *roi citoyen*, c'est-à-dire un homme qui connaît et la vie et vous-même, un homme qui connaît et les vertus et les vices d'un peuple.

En effet, ce vœu, ce désir, ou mieux, ce demi-commandement se réalisa ; et ce fut David, que nous pouvons citer comme premier roi, digne d'être appelé roi-citoyen. Ayant passé toutes les écoles de cette vie variable, il se rappela, à sa plus grande hauteur, que l'homme mortel reste homme; et puisque cette pensée, rarement respectée par l'imagination humaine, fut son guide, il a été non-seulement par son rang et état, mais plutôt encore par son esprit et génie supérieur à ses contemporains. Il a su vaincre et pardonner, et c'est beaucoup! car ordinairement dans un triomphe, de quelque nature qu'il soit, l'homme fixe les yeux sur le présent, et n'a guère ni de souvenirs pour le passé, ni de pensées pour l'avenir. Une cohorte commandée par son propre fils s'arma contre lui; il a *amnistié* les rebelles vaincus.

C'est jusque-là que nous crûmes devoir poursuivre quelques exemples que la Sainte-Ecriture même a établis, et nous chercherons à les employer au temps dans lequel nous vivons.

Certes, c'est un temps épineux, c'est un siècle agité que l'humanité a commencé il y a trente-sept ans. Un homme, presque de son néant, s'éleva, grace à son génie incomparable dans l'histoire universelle, à la plus grande hauteur terrestre. Enfant de la République, il s'en rendit le maître, et, à cet égard, faible humain, en n'étant jamais satisfait, il en fut même l'empereur. Il est donc assez évident que, par ce seul titre, la *République* a été détruite, elle en a été anéantie. Nous sommes bien loin de lui en faire un reproche. Il a compris son temps, il a connu le peuple français : changement est son ame, mouvement son ambition; pour satisfaire le second librement, il lui fallait le premier; car un mouvement tel qu'il fallait à son génie et à l'esprit français, ne devait point dépendre des prescriptions, ni d'une convention, ni d'une dictature. Aussi un rêve, un souvenir léger pouvait lui montrer d'une manière assez imposante, le sang qui dégoutta éternellement des ongles de Robespierre. Toujours la carte à la main, il sut mieux que beaucoup d'autres que la situation géographique empêche déjà la France suffisamment à former une République. On connaît, du reste, la carrière héroïque du grand Corse, et sa fin tragique qui affirmait de nouveau le trône restauré des Bourbons. Bientôt après le successeur de l'empereur, vint un roi qui sut peu respecter les institutions de son peuple. Père d'une nation qui sait toujours braver l'outrage, qui sait et saura toujours combattre pour sa liberté, il aurait dû comprendre chaque mot de son enfant gracieux; mais trop faible pour se faire le berger de son troupeau, il en devint le loup. Ici, le combat commence, et ce fut un grand combat, combat pour une chose céleste; et aussitôt que l'homme cherche à protéger un don céleste, la Providence se montre en toute sa gloire qu'elle fait resplendir sur son œuvre de la sixième journée.

Trois jours mémorables et ineffaçables dans l'histoire des peuples, suffirent pour rétablir *trois* couleurs. Un peuple en masse s'élève, et ce ne fut ni le tambour, ni le trompette qui l'éveilla de son sommeil, non! ce fut le cœur généreux, impulse de tout bien, qui palpita dans la poitrine française,

Un mot, un seul mot fut la parole, mais celle-ci fut une parole harmonieuse , une parole pleine de mélodie; et hommes et femmes, vieillards et enfans s'écrièrent : Liberté !

Certes, nous qui n'appartenons pas au sol français , nous pouvons avouer avec franchise, que jamais peuple ne fut sur une hauteur aussi glorieuse que le Français en 1830. Ce fut le Sinaï des Français , où ils reçurent leur nouvelle législation. Si cette législation, dans son sens plus étendu, a, depuis cette époque solennelle, improuvé quelque changement, ou plutôt quelque élargissement, c'est probablement que le peuple dont il s'agit dans ce moment, ne fut point encore capable de se faire soi-même son guide. Or, liberté est un mot, qui dans toute son étendue, est compris de peu de monde : l'enfant l'adore, puisqu'il a vu son père les yeux au ciel en prononçant ce mot, la fille le répète, puisqu'elle en a entendu jaser sa grand'mère; et comme d'une boisson rare mais forte, on ne prend que peu à la fois, on devrait de la liberté aussi être content de s'en donner peu et avec prudence. Encore, nous dirons, qu'une liberté absolue, telle que beaucoup de monde la désire, n'existe pas au monde terrestre. L'enfant au berceau nous en donne la preuve. Ne dépend-t-il pas de ceux qui le nourrissent? Ne dépendons-nous pas de nos confrères? Y a-t-il une vie sans besoin? Sommes-nous jamais au but de nos désirs? Donc, n'ayant pas reçus une liberté aussi absolue de la na-

ture même, qui nous a indiqué que vœux et souf-
frances composeront la vie humaine, comment pou-
vons-nous avoir la prétention de vouloir la demander
ou l'exiger d'un homme qui sous tous les rapports, ap-
partient à nos confrères, par le lien que la nature a
noué elle-même. N'exigeons de cet homme rien de
plus que ce que nous pouvons raisonnablement demander à un chef, et félicitons-nous de ce chef qui
occupe si dignement le trône de pourpre qui a presque pâli sous un Bourbon de la race aînée; et n'ou-
blions jamais sous quels périls le roi citoyen a accepté la couronne. Ce fut un temps désastreux,
un temps plein d'orages politiques, où Louis-Philippe améliora le sort de son pays orphelin.

Comme la mer, cherchant toujours à garder son
indépendance, recouvre en hâte la trace légère
qu'un bateau a marquée sur son dos; le Français
aussi cherche à anéantir celle qu'un roi s'est per-
mise dans son enceinte, par la suppression de son
pays, et le fils de l'homme, qui a su mourir avec
calme pour l'égalité, ouvrit sa poitrine à l'ennemi
dans ce combat. Il accepta ensuite le titre de roi ;
mais pourquoi ? Pour soi-même ? Nullement. A-t-
on oublié qu'il y a des couronnes d'épines ? Serait-
il à supposer que ce grand roi, en acceptant la mis-
sion à laquelle le peuple français l'a appelé, aurait oublié ce lion dont le courroux était autant à
craindre qu'à admirer ? Ne se serait-il pas, lui,
rappelé, auparavant que ce sommeil dans lequel le
Français retomba après ses trois jours, ne fut qu'un

repos d'une trop grande fatigue, mais que néan-
moins il sera toujours prêt à se réveiller? Aurait-il
dans une telle pensée, accepté le sceptre, s'il ne
s'était rappelé en même temps que lion et lion fra-
ternisent, et que, ce que l'un veut gagner par force,
il remportera lui-même par générosité? Fier de
cette idée, un champ vaste s'ouvrit à ses yeux, la
tempête, que tout autre à sa place aurait craint,
ne pouvait rien sur lui ; car l'homme courageux est
toujours, et dans toutes les circonstances, au-dessus de la peur. *L'espérance* le ranima où le *souvenir*
aurait pu l'abattre. Celui qui se vengea de la perte
cruelle de son pére, par générosité, en acceptant
la couronne de France, n'a, depuis, cessé de montrer
qu'il n'a qu'un seul fils : le peuple ! Aussi, lorsque
ce fils voulut lever une main, un doigt contre son
père, ce père, bon et généreux, a seulement baissé
le membre ingrat d'un enfant gâté, et bientôt il
pressa paternellement cette main et dit : « Viens à
moi ! *Amnistie ! oubli pour le passé* ! Repens-toi et tu
n'as point pêché ! Viens, tu es encore mon fils ! »

Ici nous devons un moment nous reposer ; car
un pardon tel que nous venons d'entendre, mérite,
sous tous les rapports, la plus grande attention, et
le regard doit y être jeté d'autant plus attentivement
puisque après l'avoir porté sur les autres trônes de
l'Europe, le fruit que nous cueillons en France, est
un fruit que nous ne saurons trouver ailleurs. Parcourons un peu les divers pays du nord de l'Europe,
parcourons, disons-nous, car inviter nos lecteurs

à un séjour, si court qu'il soit, ce serait faire de la peine à ce peuple auquel nous parlons principalement. En Russie, nous trouvons un terrain sec, peu ou point cultivé de la main grâcieuse du pardon. La douce chaleur d'une clémence, ce printemps de la vie humaine, n'a pas encore pu pénétrer la glace du froid du Nord.

La coupe de la balance autrichienne, contenant la grace, flotte bien en l'air en face de celle qui contient la sévérité ; et s'il est vrai que la grace, le pardon n'a besoin que d'un *seul moment*, il n'est pas non plus moins vrai qu'il y a aussi des momens qui ont besoin de grace.

Pour la Prusse, nous désirons ardemment que le bruit qui court sur un changement de ses principes, ne se base sur un on dit; que le gouvernement prussien imite l'exemple français, pour que de cette manière, il serve pour un non-seulement à l'Allemagne, mais aussi à ses amis et parens d'opinion. *Si en Allemagne on n'a plus besoin de se courber devant le portrait d'un roi, c'est alors que tout citoyen respirera l'amour pour son chef.*

Ce sont là tes souverains couronnés du Nord, devant lesquels, en passant, il fallait faire notre révérence ; nous retournons après en France; l'écriteau du trône qui s'y est maintenu depuis sept ans porte le mot ineffaçable :

« AMNISTIE ! »

L'opposition qui, malgré la défense faite par la

loi de la nature, pénètre même dans le sanctuaire
du sanctuaire, ne respecte rien puisque rien ne paraît saint et sacré à son imagination voltigeante.
Puisqu'elle même, nous osons le dire, ne connaît
point de mesure, elle n'en trouve pas non plus dans
les règles gouvernementales, car elle ne le veut pas.
C'est donc sa volonté qu'elle veut faire régner,
et, en voyant, selon ses idées, en Jésus-Christ un
républicain, elle répète avec enthousiasme :

« Ta *volonté* soit faite sur la terre ! »

Nous avons entendu répondre quelques soi-di-
sant républicains à la demande : Qu'est-ce que
vous avez à critiquer à cette mesure pleine de clémence que le roi vient de prendre? — « C'est que
cette mesure fait dommage à notre cause! » Donc,
un roi devrait, suivant cette maxime, agir bien
mal, si mal même que possible, pour satisfaire au
vœu d'une poignée de main de gens qui veulent la
république! Aux yeux de ceux-ci le mal serait donc
un bien, et le bien un mal. Non, nous avouons
que nous contemplons la mesure du roi des Français comme mesure généreuse. Or, nous avons à
rechercher la situation du pays français dans le
moment où l'ordonnance célèbre parut dans le
Moniteur. Certes, le pays français ne fut jamais
plus tranquille qu'au moment où le roi a montré
publiquement ce trait magnanime, ornement de
l'ame. La lâcheté d'un Fieschi, la haine d'un
Alibaud, *l'envie d'imitation*, d'un Meunier, la va-

nité misérable d'un Champion n'étaient plus à craindre; il y a de telles plantes sauvages qui pourraient gâter, il est vrai, un champ entier de bons fruits, mais un jardinier habile sait toujours les arracher à temps pour que la racine même ne se répande pas. Or, en tout temps, et sous tous les gouvernemens, la haine des factions a su trouver des bravos italiens. Henri IV, dont le nom glorieux ne s'effacera jamais de l'histoire, qui fut aimé et qui mérita l'amour de son peuple, fut frappé du poignard de Ravaillac!

Il n'y a pas de peuple, qu'il nous soit permis de le remarquer ici, qui soit plus difficile à gouverner que le peuple français. Chaque page de son histoire nous montrera une agitation plus ou moins grande, un orage plus ou moins fort, mais qui, assez souvent, a ébranlé des chênes, et qui les a quelquefois même déracinés. Un homme qui prend les rênes d'un tel gouvernement doit nécessairement se préparer à de pareilles agitations, du moins il doit s'y attendre d'autant plus, puisqu'il doit savoir qu'un peuple enthousiaste *saute* de la joie au chagrin, et toute chose qui n'est pas au gré de tous, lui cause un certain mécontentement. Mais cet homme, qui s'est proposé d'applanir un chemin aussi épineux, ne doit point se faire arrêter dans son œuvre ni par la crainte, ni par la peur; il saura que, comme dans la vie privée, il lui sera impossible, en qualité de représentant, de satisfaire son pays entier si peu que le monde. Ce ne fut donc pas le *besoin* du temps qui a *ordonné* le bon acte au roi et à son gouvernement, ce fut le cœur qui leur a dicté cette mesure glorieuse. *Glorieuse*, disons-nous, *car si* LA PEINE *veut l'amélioration de l'homme*, le pardon doit alors être considéré comme oubli du passé, *et l'oubli* des crimes aussi graves, dont le roi aurait pu être victime, *fait la gloire de l'ame.*

Voyons maintenant si l'amnistie que S. M. le roi Louis-Philippe a accordée est en effet si incomplète que quelques personnes veulent le faire croire. Quant à nous, nous croyons le contraire, et voilà nos motifs :

1° On a mis les amnistiés sous surveillance, pas pour la sûreté personnelle du roi, mais bien pour celle de l'état, pour le bien social ;

2° L'ordonnance du roi porte l'exclusion de ceux qui sont en contumace ; rien de plus juste ! Celui qui ne se soumet pas à la condamnation, n'a jamais droit à la grace. En effet, est-ce que la fuite ne porte pas en elle-même le cachet de manque de conscience ? Si la conscience est pure, pourquoi ne pas attendre le jugement ? Puis encore, si les contumaces avaient été auparavant aussi sûrs de la mesure royale prise au mois de maidernier, qu'ils le sont actuellement, n'auraient-ils pas supporté quelques mois de prison, au lieu de chercher un asile dans l'étranger. « *L'apôtre gémit long-temps sous les verroux, puisque sa foi lui avait appris qu'une fois la grace se réveillera ! Et, en vérité, cette grace ne tarda point à se montrer ; et jamais le saint apôtre ne fut plus digne de défendre la cause céleste que par son espérance morne dans la prison.* »

On sait, du reste, que le cœur généreux du roi et celui de son royal fils ne voulurent exclure personne, pas même les fugitifs et les contumaces ; mais les observations justes du ministère l'ont arrêté là où S. M. et S. A. R. ne voulurent plus connaître de bornes.

Nous avons exposé nos observations et nos motifs, non-seulement pour la jeune France de juillet 1830, mais plutôt encore pour divers pays de l'Europe qui devraient, pour le bonheur de leurs sujets, adopter une mesure à laquelle le roi des Français leur a récemment montré le chemin ; et nous nous félicitons ensuite de pouvoir nous lier au bon citoyen français pour nous écrier de bon cœur :

VIVE LE ROI ET SA FAMILLE !